心一堂術數古籍珍本叢刊

書名：元祝垚歸厚錄批論

系列：心一堂術數古籍珍本叢刊　堪輿類　第三輯　341

作者：【清】元祝垚

主編、責任編輯：陳劍聰

心一堂術數古籍珍本叢刊編校小組：陳劍聰　素聞　鄒偉才　虛白盧主　丁鑫華

出版：心一堂有限公司

通訊地址：香港九龍旺角彌敦道六一〇號荷李活商業中心十八樓〇五一〇六室

深港讀者服務中心·中國深圳市羅湖區立新路六號羅湖商業大廈負一層〇〇八室

電話號碼：(852)9027-7110

網址：publish.sunyata.cc

電郵：sunyatabook@gmail.com

網店：http://book.sunyata.cc

淘寶店地址：https://sunyata.taobao.com

微店地址：https://weidian.com/s/1212826297

臉書：https://www.facebook.com/sunyatabook

讀者論壇：http://bbs.sunyata.cc/

平裝

版次：二零二一年四月初版

定價：　港幣　　九十八元正

　　　新台幣　三百九十八元正

國際書號：ISBN 978-988-8583-80-5

版權所有　翻印必究

香港發行：香港聯合書刊物流有限公司

地址：香港新界荃灣德士古道二二〇-二四八號荃灣工業中心十六樓

電話號碼：(852)2150-2100

傳真號碼：(852)2407-3062

電郵：info@suplogistics.com.hk

網址：http://www.suplogistics.com.hk

台灣發行：秀威資訊科技股份有限公司

地址：台灣台北市內湖區瑞光路七十六巷六十五號一樓

電話號碼：+886-2-2796-3638

傳真號碼：+886-2-2796-1377

網絡書店：www.bodbooks.com.tw

台灣秀威書店讀者服務中心：

地址：台灣台北市中山區松江路二〇九號一樓

電話號碼：+886-2-2518-0207

傳真號碼：+886-2-2518-0778

網絡書店：http://www.govbooks.com.tw

中國大陸發行　零售：深圳心一堂文化傳播有限公司

深圳地址：深圳市羅湖區立新路六號羅湖商業大廈負一層〇〇八室

電話號碼：(86)0755-82224934

心一堂微店二維碼

心一堂淘寶店二維碼

心一堂術數古籍 珍本 叢刊 整理 叢刊 總序

術數定義

術數，大概可謂以「推算（推演）、預測人（個人、群體、國家等）、事、物、自然現象、時間、空間方位等規律及氣數，並或通過種種『方術』，從而達致趨吉避凶或某種特定目的」之知識體系和方法。

術數類別

我國術數的內容類別，歷代不盡相同，例如《漢書・藝文志》中載，漢代術數有六類：天文、曆譜、五行、著龜、雜占、形法。至清代《四庫全書》，術數類則有：數學、占候、相宅相墓、占卜、命書、相書、陰陽五行、雜技術等，其他如《後漢書・方術部》、《藝文類聚・方術部》、《太平御覽・方術部》等，對於術數的分類，皆有差異。古代多把天文、曆譜、及部分數學均歸入術數類，而民間流行亦視傳統醫學作為術數的一環；此外，有些術數與宗教中的方術亦往往難以分開。現代民間則常將各種術數歸納為五大類別：命、卜、相、醫、山，通稱「五術」。

本叢刊在《四庫全書》的分類基礎上，將術數分為九大類別：占筮、星命、相術、堪輿、選擇、三式、讖諱、理數（陰陽五行）、雜術（其他）。而未收天文、曆譜、算術、宗教方術、醫學。

術數思想與發展──從術到學，乃至合道

我國術數是由上古的占星、卜筮、形法等術發展下來的。其中卜筮之術，是歷經夏商周三代而通過「龜卜、蓍筮」得出卜（筮）辭的一種預測（吉凶成敗）術，之後歸納並結集成書，此即現傳之《易

經》。經過春秋戰國至秦漢之際，受到當時諸子百家的影響、儒家的推崇，遂有《易傳》等的出現，原本是卜筮術書的《易經》，被提升及解讀成有包涵「天地之道（理）」之學。因此，《易‧繫辭傳》曰：「易與天地準，故能彌綸天地之道。」

漢代以後，易學中的陰陽學說，與五行、九宮、干支、氣運、災變、律曆、卦氣、讖緯、天人感應說等相結合，形成易學中象數系統。而其他原與《易經》本來沒有關係的術數，如占星、形法、選擇，亦漸漸以易理（象數學說）為依歸。《四庫全書‧易類小序》云：「術數之興，多在秦漢以後。要其旨，不出乎陰陽五行，生尅制化。實皆《易》之支派，傅以雜說耳。」至此，術數可謂已由「術」發展成「學」。

及至宋代，術數理論與理學中的河圖洛書、太極圖、邵雍先天之學及皇極經世等學說給合，通過術數以演繹理學中「天地中有一太極，萬物中各有一太極」（《朱子語類》）的思想。術數理論不單已發展至十分成熟，而且也從其學理中衍生一些新的方法或理論，如《梅花易數》、《河洛理數》等。

在傳統上，術數功能往往不止於僅僅作為趨吉避凶的方術，及「能彌綸天地之道」的學問，亦有其「修心養性」的功能，「與道合一」（修道）的內涵。《素問‧上古天真論》：「上古之人，其知道者，法於陰陽，和於術數。」數之意義，不單是外在的算數、歷數、氣數，而是與理學中同等的「道」、「理」--心性的功能，北宋理氣家邵雍對此多有發揮：「聖人之心，是亦數也」、「萬化萬事生乎心」、「心為太極」。《觀物外篇》：「先天之學，心法也。……蓋天地萬物之理，盡在其中矣，心一而不分，則能應萬物。」反過來說，宋代的術數理論，受到當時理學、佛道及宋易影響，認為心性本質上是等同天地之太極。天地萬物氣數規律，能通過內觀自心而有所感知，即是內心也已具備有術數的推演及預測、感知能力；相傳是邵雍所創之《梅花易數》，便是在這樣的背景下誕生。

《易‧文言傳》已有「積善之家，必有餘慶；積不善之家，必有餘殃」之說，至漢代流行的災變說及讖緯說，我國數千年來都認為天災，異常天象（自然現象），皆與一國或一地的施政者失德有關；下

至家族、個人之盛衰，也都與一族一人之德行修養有關。因此，我國術數中除了吉凶盛衰理數之外，人心的德行修養，也是趨吉避凶的一個關鍵因素。

術數與宗教、修道

在這種思想之下，我國術數不單只是附屬於巫術或宗教行為的方術，又往往是一種宗教的修煉手段-通過術數，以知陰陽，乃至合陰陽（道）。「其知道者，法於陰陽，和於術數。」例如，「奇門遁甲」術中，即分為「術奇門」與「法奇門」兩大類。「法奇門」中有大量道教中符籙、手印、存想、內煉的內容，是道教內丹外法的一種重要外法修煉體系。甚至在雷法一系的修煉上，亦大量應用了術數內容。此外，相術、堪輿術中也有修煉望氣（氣的形狀、顏色）的方法；堪輿家除了選擇陰陽宅之吉凶外，也有道教中選擇適合修道環境（法、財、侶、地中的地）的方法，以至通過堪輿術觀察天地山川陰陽之氣，亦成為領悟陰陽金丹大道的一途。

易學體系以外的術數與的少數民族的術數

我國術數中，也有不用或不全用易理作為其理論依據的，如揚雄的《太玄》、司馬光的《潛虛》。也有一些占卜法、雜術不屬於《易經》系統，不過對後世影響較少而已。

外來宗教及少數民族中也有不少雖受漢文化影響（如陰陽、五行、二十八宿等學說。）但仍自成系統的術數，如古代的西夏、突厥、吐魯番等占卜及星占術，藏族中有多種藏傳佛教占卜術、苯教占卜術；北方少數民族有薩滿教占卜術；不少少數民族如水族、白族、布朗族、佤族、彝族、苗族等，皆有占雞（卦）草卜、雞蛋卜等術，納西族的占星術、占卜術，彝族畢摩的推命術、占卜術……等等，都是屬於《易經》體系以外的術數。相對上，外國傳入的術數以及其理論，對我國術數影響更大。

曆法、推步術與外來術數的影響

我國的術數與曆法的關係非常緊密。早期的術數中，很多是利用星宿或星宿組合的位置（如某星在某州或某宮某度）付予某種吉凶意義，并據之以推演，例如歲星（木星）、月將（某月太陽所躔之宮次）等。不過，由於不同的古代曆法推步的誤差及歲差的問題，若干年後，其術數所用之星辰的位置，已與真實星辰的位置不一樣了；此如歲星（木星），早期的曆法及術數以十二年為一周期（以應地支），與木星真實周期十一點八六年，每幾十年便錯一宮。後來術家又設一「太歲」的假想星體來解決，是歲星運行的相反，一週期亦剛好是十二年。而術數中的神煞，很多即是根據太歲的位置而定。又如六壬術中的「月將」，原是立春節氣後太陽躔娵訾之次而稱作「登明亥將」，至宋代，因歲差的關係，要到雨水節氣後太陽才躔娵訾之次，當時沈括提出了修正，但明清時六壬術中「月將」仍然沿用宋代沈括修正的起法沒有再修正。

由於以真實星象周期的推步術是非常繁複，而且古代星象推步術本身亦有不少誤差，大多數術數除依曆書保留了太陽（節氣）、太陰（月相）的簡單宮次計算外，漸漸形成根據干支、日月等的各自起例，以起出其他具有不同含義的眾多假想星象及神煞系統。唐宋以後，我國絕大部分術數都主要沿用這一系統，也出現了不少完全脫離真實星象的術數，如《子平術》、《紫微斗數》、《鐵版神數》等。後來就連一些利用真實星辰位置的術數，如《七政四餘術》及選擇法中的《天星選擇》，也已與假想星象及神煞混合而使用了。

隨着古代外國曆（推步）、術數的傳入，如唐代傳入的印度曆法及術數，元代傳入的回回曆等，其中我國占星術便吸收了印度占星術中羅睺星、計都星等而形成四餘星，又通過阿拉伯占星術而吸收了其中來自希臘、巴比倫占星術的黃道十二宮、四大（四元素）學說（地、水、火、風），並與我國傳統的二十八宿、五行說、神煞系統並存而形成《七政四餘術》。此外，一些術數中的北斗星名，不用我國傳統的星名：天樞、天璇、天璣、天權、玉衡、開陽、搖光，而是使用來自印度梵文所譯的：貪狼、巨

門、祿存、文曲、廉貞、武曲、破軍等，此明顯是受到唐代從印度傳入的曆法及占星術所影響。如星命術中的《紫微斗數》及堪輿術中的《撼龍經》等文獻中，其星皆用印度譯名。及至清初《時憲曆》，置閏之法則改用西法「定氣」。清代以後的術數，又作過不少的調整。

此外，我國相術中的面相術、手相術，唐宋之際受印度相術影響頗大，至民國初年，又通過翻譯歐西、日本的相術書籍而大量吸收歐西相術的內容，形成了現代我國坊間流行的新式相術。

陰陽學——術數在古代、官方管理及外國的影響

術數在古代社會中一直扮演着一個非常重要的角色，影響層面不單只是某一階層、某一職業、某一年齡的人，而是上自帝王，下至普通百姓，從出生到死亡，不論是生活上的小事如洗髮、出行等，大事如建房、入伙、出兵等，從個人、家族以至國家，從天文、氣象、地理到人事、軍事，從民俗、學術到宗教，都離不開術數的應用。我國最晚在唐代開始，已把以上術數之學，稱作陰陽（學），行術數者稱陰陽人。（敦煌文書、斯四三二七唐《師師漫語話》：「以下說陰陽人謾語話」，此說法後來傳入日本，今日本人稱行術數者為「陰陽師」）。一直到了清末，欽天監中負責陰陽術數的官員中，以及民間術數之士，仍名陰陽生。

古代政府的中欽天監（司天監），除了負責天文、曆法、輿地之外，亦精通其他如星占、選擇、堪輿等術數，除在皇室人員及朝庭中應用外，也定期頒行日書、修定術數，使民間對於天文、日曆用事吉凶及使用其他術數時，有所依從。

我國古代政府對官方及民間陰陽學及陰陽官員，從其內容、人員的選拔、培訓、認證、考核、律法監管等，都有制度。至明清兩代，其制度更為完善、嚴格。

宋代官學之中，課程中已有陰陽學及其考試的內容。（宋徽宗崇寧三年〔一一零四年〕崇寧算學令：「諸學生習……並曆算、三式、天文書。」「諸試……三式即射覆及預占三日陰陽風雨。天文即預

定一月或一季分野災祥，並以依經備草合問為通。」

金代司天臺，從民間「草澤人」（即民間習術數人士）考試選拔：「其試之制，以《宣明曆》試推步，及《婚書》、《地理新書》試合婚、安葬，並《易》筮法，六壬課、三命、五星之術。」（《金史》卷五十一・志第三十二・選舉一）

元代為進一步加強官方陰陽學對民間的影響、管理、控制及培育，除沿襲宋代、金代在司天監掌管陰陽學及中央的官學陰陽學課程之外，更在地方上增設陰陽學教授員（《元史・選舉志一》：「世祖至元二十八年夏六月始置諸路陰陽學。」）地方上也設陰陽學教授員，培育及管轄地方陰陽人。（《元史・選舉志一》：「（元仁宗）延祐初，令陰陽人依儒醫例，於路、府、州設教授員，凡陰陽人皆管轄之，而上屬於太史焉。」）自此，民間的陰陽術士（陰陽人），被納入官方的管轄之下。

至明清兩代，陰陽學制度更為完善。中央欽天監掌管陰陽學，明代地方縣設陰陽學正術，各州設陰陽學典術，各縣設陰陽學訓術。陰陽人從地方陰陽學肄業或被選拔出來後，再送到欽天監考試。（《大明會典》卷二二三：「凡天下府州縣舉到陰陽人堪任正術等官者，俱從吏部送（欽天監），考中，送回選用；不中者發回原籍為民，原保官吏治罪。」）清代大致沿用明制，凡陰陽術數之流，悉歸中央欽天監及地方陰陽官員管理、培訓、認證。至今尚有「紹興府陰陽印」、「東光縣陰陽學記」等明代銅印，及某某縣某某之清代陰陽執照等傳世。

清代欽天監漏刻科對官員要求甚為嚴格。《大清會典》「國子監」規定：「凡算學之教，設肄業生。滿洲十有二人，蒙古、漢軍各六人，於各旗官學內考取。漢十有二人，於舉人、貢監生童內考取。附學生二十四人，由欽天監選送。教以天文演算法諸書，五年學業有成，舉人引見以欽天監博士用，貢監生童以天文生補用。」學生在官學肄業、貢監生肄業或考得舉人後，經過了五年對天文、算法、陰陽學的學習，其中精通陰陽術數者，會送往漏刻科。而在欽天監供職的官員，《大清會典則例》「欽天監」規定：「本監官生三年考核一次，術業精通者，保題升用。不及者，停其升轉，再加學習。如能黽

六

勉供職，即予開復。仍不及者，降職一等，再令學習三年，能習熟者，准予開復，仍不能者，黜退。」

《大清律例·一七八·術七·妄言禍福》：「凡陰陽術士，不許於大小文武官員之家妄言禍福，違者杖

一百。其依經推算星命卜課，不在禁限。」大小文武官員延請的陰陽術士，自然是以欽天監漏刻科官員

或地方陰陽官員為主。

官方陰陽學制度也影響鄰國如朝鮮、日本、越南等地，一直到了民國時期，鄰國仍然沿用著我國的

多種術數。而我國的漢族術數，在古代甚至影響遍及西夏、突厥、吐蕃、阿拉伯、印度、東南亞諸國。

術數研究

術數在我國古代社會雖然影響深遠，「是傳統中國理念中的一門科學，從傳統的陰陽、五行、九

宮、八卦、河圖、洛書等等觀念作大自然的研究。……傳統中國的天文學、數學、煉丹術等，要到上世紀

中葉始受世界學者肯定。可是，術數還未受到應得的注意。術數在傳統中國科技史、思想史，文化史、

社會史，甚至軍事史都有一定的影響。……更進一步了解術數，我們將更能了解中國歷史的全貌。」

（何丙郁《術數、天文與醫學中國科技史的新視野》，香港城市大學中國文化中心。）

可是術數至今一直不受正統學界所重視，加上術家藏秘自珍，又揚言天機不可洩漏，「（術數）乃

吾國科學與哲學融貫而成一種學說，數千年來傳衍嬗變，或隱或現，全賴一二有心人為之繼續維繫，賴

以不絕，其中確有學術上研究之價值，非徒癡人說夢，荒誕不經之謂也。其所以至今不能在科學中成立

一種地位者，實有數因。蓋古代士大夫階級目醫卜星相為九流之學，多恥道之；而發明諸大師又故為惝

恍迷離之辭，以待後人探索；間有一二賢者有所發明，亦秘莫如深，既恐洩天地之秘，復恐譏為旁門左

道，始終不肯公開研究，成立一有系統說明之書籍，貽之後世。故居今日而欲研究此種學術，實一極困

難之事。」（民國徐樂吾《子平真詮評註》，方重審序）

現存的術數古籍，除極少數是唐、宋、元的版本外，絕大多數是明、清兩代的版本。其內容也主要是明、清兩代流行的術數，唐宋或以前的術數及其書籍，大部分均已失傳，只能從史料記載、出土文獻、敦煌遺書中稍窺一鱗半爪。

術數版本

坊間術數古籍版本，大多是晚清書坊之翻刻本及民國書賈之重排本，其中豕亥魚魯，或任意增刪，往往文意全非，以至不能卒讀。現今不論是術數愛好者，還是民俗、史學、社會、文化、版本等學術研究者，要想得一常見術數書籍的善本、原版，已經非常困難，更遑論如稿本、鈔本、孤本等珍稀版本。

在文獻不足及缺乏善本的情況下，要想對術數的源流、理法、及其影響，作全面深入的研究，幾不可能。

有見及此，本叢刊編校小組經多年努力及多方協助，在海內外搜羅了二十世紀六十年代以前漢文為主的術數類善本、珍本、鈔本、孤本、稿本、批校本等數百種，精選出其中最佳版本，分別輯入兩個系列：

一、心一堂術數古籍珍本叢刊
二、心一堂術數古籍整理叢刊

前者以最新數碼（數位）技術清理、修復珍本原本的版面，更正明顯的錯訛，部分善本更以原色彩色精印，務求更勝原本。并以每百多種珍本、一百二十冊為一輯，分輯出版，以饗讀者。

後者延請、稿約有關專家、學者，以善本、珍本等作底本，參以其他版本，古籍進行審定、校勘、注釋，務求打造一最善版本，方便現代人閱讀、理解、研究等之用。

限於編校小組的水平、版本選擇及考證、文字修正、提要內容等方面，恐有疏漏及舛誤之處，懇請方家不吝指正。

心一堂術數古籍 珍本 叢刊編校小組
二零零九年七月序
二零一四年九月第三次修訂

歸厚錄

第三種歸厚錄批論

靜海又元子元祝垚闡農氏遺秘

�男文安靳之炘筱園叅讀

門人大城傅榮昌光遠校字

歸厚錄　雲間蔣平階大鴻著

歸厚錄批論之其餘諸章緣

此書共十八章今錄取九章批論之其餘諸章緣

不肯說明六十四卦半吐半露遂成滿紙浮詞且

其義已備於前載各種故僅擇其精義純粹者錄

而取之

氣化章

平龍之所自來。

之炘謹按天降陽精四字即

○之炘謹按天地之間無非二
曜環周五行相摩而已兩五
行相摩其中壹有衰旺得其
精和而吸之自能孕育滋生
之草木之秀朗愚儒不知至
道自高其說不信葬法終致
絕滅又有妄想之徒設謀求
地不知種德同歸於昧也

一元氤氳動靜闔闢天降陽精地載陰魄陽精為氣
陰魄骨宅兩儀備經五行一脈乃具三才人列地天
升陽還虛留陰返泉是曰歸藏葬禮具真為苟求厚葬
擇地為先地之真氣與天元符二曜周環五行相摩
得元孕育反精導和久久無傷吸氣彌多子孫形質
祖父育養如彼草木得地豐穰根荄膏澤枝葉秀朗
其本或撥枯落天枉吾視凶葬槨棺覆仰螻蟻虛穴
寒泉搖蕩子孫衰弱宗祀絕享世有瞽儒高視遠蹈
不相厭宜秉親於道詎意覆宗翻成潦倒亦有狂且
狎天貪眈吝德不臧侈求地寶燀資傾謀終無結造

二

之析證矣大德受大地小德
受小地不德受凶地天理照
彰京是五行之順逆為地師
常原不能假人為以背天理

惟彼哲士體道通元地名法象必曰先天先天已立

法象自全心為大地詔我後賢

此章言人身具天地陰陽五行之氣既沒則魂升
魄降葬得其宜朽骨得氣陰魄常安子孫之精神
即祖父之精神故死者受氣則生者榮昌此根本
枝葉一氣相通不易之理此古之大儒惟以安親
為本原無邀福私心特先靈之安與不安無從可
驗故以子孫之隆替卜祖宗之安危苟不得吉壤
或致翻棺覆槨螻蟻寒泉豈非不孝之大者乎然
大德受大地小德受小地不德受凶地天有一定

之理。蓋陰陽五行。一太極也。苟能修德自得佳穴

此又先天本原之學立乎陰陽五行之先者也。

原註

此章首從天地氤氳陰陽闔闢說起。以見天地一

體之理為平地龍水一家。先作埋伏然後說到葬

事所關甚重不但弱宗絕嗣而祖父固於寒泉幽

穴靈不得安實孝子賢孫所不忍也。繼言哲士以

安親為念原無邀福之心而世人竟不知種德妄

求地寶亦必不能得。故以培養心地作結而歸重

於修德。

惟平常貧苦無善惡者可以
法救之耳

之炘謹按此章先言水火二。
郭升降虛玄纏以山視水為。
言又說人工疏濬實此性成。
通章無非指示水龍來歷全。
在無形欲人領悟也。

剛柔章

稽古鴻濛未分地天水火二氣升降虛元坎離一交。
乃攝坤乾陰闔陽闢剛柔相濟或凝為山或流為川。
地血為水地骨為石葬山依骨葬地依血山若離骨。
水泉砂礫地若離血鴻鹵礥碻石多則亂水多則渙。
亂石勿葬渙水勿按可葬之亂亂而不擴可按之渙。
渙而不散不擴不散大眾之谿骨體堅定水脈流行。
堅不可傷流不可凝疏瀹宣導實此性成言龍言脈。
皆是強名至人察之覺照孔明。

此章言人知乾坤交而為坎離不知混沌之先未

之炘謹按於此處忽提出道
家二字可見地學與丹學無
二致也。

之炘謹按。雖判然二物。其氣
乃交而不離。可知水與龍亦
判然二物。其氣之交而不離
亦可想矣。

之炘謹按。此處明說出平洋
一片有何脉息人能於水中
求龍不以地之實處求過峽
挪換則得水龍真訣學者何

有天地止水火二氣為真陰真陽升降虛無之表。
隨元氣而上下。道家所謂梵氣也此氣摩盪不已。
其輕清者為天重濁者為地所謂坎離一交而成
乾坤也然乾坤之體雖判然二物而乾坤之氣則
交而不離一闔一闢互為剛柔剛者為山柔者為
川石乃地之骨水乃地之血人稟水土之氣以生
故其死也骨肉復還於水土制為葬法葬高山則
石為生氣葬平陽則水為生氣故乘得生氣者為
失生氣者凶也今人但知葬乘龍脉不知高山石
龍則有脉可循平洋一片有何脉息只以水之流

摘不悟耶。

之炘謹按○一填一濬即可清
純龍氣亦可移易龍氣
靈也。

之炘謹按○

之炘謹按○凡去水則勢急意
則動之機顯故來應之龍愈
靈也。

之炘謹按○真氣即前言莧氣
山平龍各不同氣則無異

動處即是真龍故曰山摩以山為龍水摩以水為
龍人能於水中求龍不以地之實處為過峽脉息
轉關搏換則得平陽真訣矣蓋山脉堅剛一定不
移真法絲毫不可銜損任其自然無容勉強水則
動而不靜流而不息原無定質可變吉為山亦可
變凶為吉大局既定不妨小小改作以就內局所
宜當填則填當濬則濬所謂栽成輔相夆神功政
天命之妙用也且水既以動為用理當導之使行。
所以去水之地愈去愈清愈清愈靈庸術不知以
蓄水為得蔭乃從下流禁遏尾閭不通血脉不貫
便成死龍矣蓋平洋惟以水為真氣得此真氣與

平洋龍之與水不若是也○

之炘謹按天一真精坎中真○
陽與地中生陽之氣原非二○
也不過如物之此面彼面邊
頭那頭尺物轉動此面別彼
面不得不隨之轉動章拉達
頭別那頭不得不隨之勁移
○

之炘謹按善讀書者讀其所
訓即如其意之所注此篇原
註讀之不過節節註釋前
註即乃指其意注全篇皆
是告人對水認龍之法無非
這一面說ㄋ又從那一面說

山之真氣福力無異矣天一星水乃是坎中一點○
真陽化生萬物是故木非水不滋金非水不清土
非水不潤火非水不濟五行以水為本此即先天
之妙萬化不窮者也平地借水而言龍脉拘泥來
崗關峽反失其真元之氣矣自非至人孰能究其
精奧哉　原註

此言先天只有水火二氣升降往來一交而成乾
坤乾坤者天地也天地雖分而其氣則時時相交
而不離仍是指示天地一體之理蓋欲人洞悉此
理方能悟徹平地對水取龍之訣誠實不虛決非

以致讀者透達其意之所往○
一經家舅說破真令人心快○

之炘謹按○二氣相見○即感即
應○不容少停○無待相招○說得
十分透徹吾知愚蒙讀此床
當憬然

之炘謹按○惟知道者能識陰
陽感應之機○

之炘謹按○一片之中皆生陽
之氣○非若山龍自高山脫下
一縷之中有氣桐賈一縷之
外之氣不得相參故富剝換

浮空掠影約畧以為訣也先天水火真陰真陽之
氣道家謂之梵氣及至後天則蔣子所謂生陽之
氣者也地中有生陽之氣水中有真陰之氣二氣
相見必即時相感相應不容少停無待相招此自
然而然無或不然者也惟此生陽之氣本屬無形
庸師入理不深故疑為無據而不肯深信故蔣子
於天地一體之理反覆諄切言之而不厭於復者
蓋欲啟人悟機以入於道也然後以山剛水柔壁
言骨血骨則有跡血則無形乃又實指之曰平洋
一片有何脉息人能就水求龍不於地之實處求

過峽雖斷而實不斷仍有一
縷者沉於下而相連雖穿沉
渡水過海過江此一縷者不
斷故到頭結穴入首分明
紐名曰脉平洋一片如何能
有此者學者當詳審以求悟
也

地學五種　卷八‧歸厚錄批論

之炘謹按原文說到人工疏
瀹市等天成讀者以為只是
敎人修補之淅誰知仍是指
示陰陽感應之機迥家易可
謂善讀書哉

過峽脉脊則平龍之真訣得矣此段句句是發揮
蔣子之意非僅敎人修補蓋亦指示天地生陽之氣
振瞶之言學者當細心領會者也後又說到山穴
修補無益平穴可以人工修與天然者無異蔣
大地一片隨處皆是苟能用之招之即來不但天
然固有之水其氣來應即以人工疏瀹一溝半港
其氣亦即時來應如持左券也後又言平洋以水
為真氣得此真氣與山無異水是天一真精坎中
真陽五行以水為本先天之妙萬化不窮云云無
非欲人真知水能招攝生陽之氣以為龍勿拘於

十

之炘謹按此全節衆男以氣
接二字統貫之誠為探驪得
珠

來崗關峽以求龍反失真元之氣求乃歎惜而言

非至人不能與於此以反言激感之蔣子教人之

心亦可謂至切矣

枝幹章

水既成龍還分幹枝大江千里起祖之基百里十里

宗派流漸一里半里小枝之餘氣接大幹建國封坼

氣接小幹公卿威儀氣接大枝甲第逢時氣接小枝

富庶可期屈曲生龍鍾靈孕奇勁直死龍去如土灰

潺潺癡龍縱福亦愚條條現龍雷奮雲飛單龍生羽

角交自寧雙龍亚駕樂得雄雌一龍眾子並蒂連枝

之炘謹按枝之細者乃作界
結穴之水點滴為貴故愈細
愈宜內界之水合成三義以
接大枝大幹而大枝大幹之
精神皆入注於此較幹氣愈
隨幹氣不離此

之炘謹按此言以水為龍派
言水即龍也雖非水即是龍
乃即水即龍水之來即龍之
來水之去即龍之去水之轉
即龍之轉然卻非龍隨水而
亞來並去並轉也如並來並

肕胎之厚元精未虧慎勿貪幹幹老則危幹復生枝

其幹乃滋慎勿棄枝愈細愈宜一枝獨榮眾枝皆輝

眾枝同榮遠幹悉隨幹之動處始有枝美枝之合處

幹氣不離來者為公去者為私公是過客私是主持

眾水雖聚一水發機發機之所與泉不爵名曰化氣

虛吸歸臍微茫渺忽太極所胚此是元竅妙入希夷

希夷有朕非神莫覬

此承上章言既以水為龍便分枝幹而福力分焉

然必曲屈活動而後謂之龍不然雖有水而盡屬

死氣枝幹皆不可扦若半死半生則棄死就生亦

却並轉則俗說之水送龍矣。豈不大惧于頃知江南龍來。江北望水在對面。江北江南之水無論來路。去路各如許長則龍在江北。之來亦如許長則龍亦若干。去路有若干轉則龍亦若干。轉故水之得運即龍之得運。水之出卦即龍之出卦然水。之來千里而對面之龍不必果。有千里實地惟只有百步實。地之遠即可以應其千里之。來去折轉出卦不出此卦凡。水之折轉有開滉透光處在。文上能望見者龍即應之即。為一節之龍未識學者能悟。微否也。

可發達。亦有大湖大蕩畧有兜收可葬而內氣未。

極深秀砂體不甚玲瓏謂之癡龍但發財丁而少。

俊傑。迢迢之水有首有尾關攔緊密望之可見名。

為現龍遇時升騰可以變化單行之水雖少輔佐。

止須轉身旋遠。或別生枝節便是羽翼其氣自能。

交媾。雖單不獨雙龍雌雄交配久而不替更不待。

言。更有一條單水其間兜收不一行如瓜藤停若。

節苞。一地之上或二穴三穴不可限數此是胎氣。

深厚故養育眾多只要各自成局主客相應此既。

能截彼亦能攔剔同扞並發亦無減力之患令人但。

知幹龍之貴不知幹老反不生育頸幹上又能生

枝然後幹氣始藉枝流融液反能接幹之氣不使

走作如老夫得少女榾朽生柔條而後能懷孕產

子生花結果小枝與幹不同凝其氣薄力弱不知

脫却深藏愈細愈妙但此三三兩兩六五五等

質均不相統攝又不能成地必有一水獨結兩後

衆水皆為其用若能使衆枝翼衞一枝必是極大

結局盡遠來幹水亦皆環遶迎朝全力凝涯在此

斯上等之龍矣幹之動處二語足上文慎勿會幹

四語之意枝之合處足上文慎勿棄枝六語之意

批

蓋老中抽嫩亦與山龍同

難取用必生枝接氣而後可用

之炘謹按老幹曠闊難收故

之炘謹按此段言有一水獨

結而後泉水皆為其用衆枝

翼衞一枝幹水遠來迎朝全

力凝注於此斯上等之龍一

水獨結都即三义認龍之一

水皆為其用其字凝注於此

此字皆指獨結之一水言讀

此可知前說也不謬

三义而何○

浜底流出之水非

之炘謹按○

一水也二句當反覆潛玩

之炘謹按發衆水之機者此

之炘謹按此特大特小等特
宇是同宇求異之義山龍尋
穴常用此法水龍取水多著
穴可用此法然即識城門一
訣則此法無所用之亦備一
說而已

來者指通行之水而言雖大衆亦是衆人共得之
水故曰公公者但可借為外秀故曰客去者指浜底
流出之水雖一滴亦是本身元神精華妙液豈貼
我身故曰私私則托命於此將此真氣以控制八
方砂水故曰主持由此言之則衆水雖有大周非
此一水結局全無靈應然則發衆水之機者此一
水也若此水而亦與衆水同其形勢又安知其孰
為主孰為客哉必此衆大特小衆小特大衆長特
短衆短特長衆直特曲衆曲特直衆斜特正衆兀
特活而後堂氣獨聚於此此為真龍而餘者皆其

之炘謹按千里百里之幹氣
接之則發大貴十里之大枝
則發甲第一半里之小枝則
僅發富厚此不過就龍力之
厚薄以分等差非即應驗如
此也一里半里之小枝陰
注穴場之兩界此兩界之水
或有一層或有兩層以迎引
一里半里之枝氣入內此等
局面亦甚可觀若得八神齊

輔佐矣但此水之妙在微茫渺忽之間即造化之
太極人生之元數變變化化皆從此出故曰化氣
世目過之迷離恍惚無從致辨而人確乎有可見
之形可據之理非幻浪之談學者神而明之可也

原

註

此言水龍亦分枝幹大江千里為太祖百里十里
則為少祖太祖為祖少祖為家室於一里半里則
為大枝小枝氣接大幹為都郡氣接小輪為公卿
氣接大枝出甲第氣接小枝發富厚書力量之有
厚薄應驗即分等差讀者審玩其說出氣機二字

卦脂元夫即此即可產公
鄉何必千里百里之遠哉若
田世三公豈非此等局面所
龍到矣

之所謹接此以百步之地色涵
千里百里之雄一絲不能錯
應非真知道榭其就能信之

地學五種　卷八　歸厚錄批論

是何意音蓋言枝水結作都城墓宅其流並之曰
與大幹相接則得氣厚而作都城與小枝相接則
得氣薄而發富庶此即龍長千里龍長百里之謂
此其相接之處即三叉城門三叉城門為認龍定
卦之所三叉城門與大幹相接或與小枝相接久
但見枝與幹接枝與枝接而不知其氣貫相接也
氣既相接則幹注於枝枝之氣無有休息枝為一
氣幹之氣即枝之氣矣其氣既聯為一則對面之
龍氣酣足乃色涵千里百里之雄於百步之地葢
水之來源或一節或兩節或三四節之多而對面

地學五種　卷八　歸厚錄批論

住內局兩界之外封面之龍
在兩界之內此界水橫截外
節之水而龍亦能遙應之甚
矣天地陰陽兩氣相感相應
之妙且立也不可得知矣

之斫謹按以氣接二字總括
全文多少法則一以貫之非
義精法熟焉能道得出

之龍氣自與每節之卦氣相應其出卦不出卦
於此驗之雖有本身橫水相截亦無礙其相應此
平龍之秘訣即前文氣接二字之義也然後指出
生龍死龍癥龍現龍單龍雙龍以及瓜藤節苞之
龍種種異格然總不離乎氣接二字為樞要也繼
又言慎勿貪幹慎勿棄核一枝發榮遠幹卷隨枝
之合處幹氣不離著氣接也來者為公去者為私
私氣接於公而公始為過客私是主持主
氣接於客而客始相親一水發機而噓吸歸臍氣
接之究竟也然此氣接之所微茫渺忽為太極胚

胎之根豈易窺也哉　此章原本載有圖例數則

細按之多有未合處反以墻讀者之惑今不錄

胎息章

龍以幹行穴以枝結結龍之水更辨胎息幹水有息

幹氣已鍾枝水無息枝氣終窮何謂息道觀水轉環

轉處不分元精內涵一轉一息一息成胎息多胎足

磅礴雲雷若見分流內環外掉涵液滲泄物華中耗

雖有轉形止名漏道息道氣聚交雄媾雌漏道氣泄

鳳瘦鸞飢戒此二道龍穴安知

上章既分龍水枝幹此章分明枝水幹水各有結

地學五種　卷八　歸厚錄批論

（上欄）

之炘謹按以息漏二道定穴
之結與不結是為提法〇

之炘謹按水脈一轉地氣一
蓄三四轉則地氣蓄養純全
胎氣滿足然水脈一轉地氣
在何處一蓄三轉四轉地氣
在何處純全充足學者心目
中自當理會家易云水轉氣
足不過是水來灣曲則龍氣
冲和對水取龍水若直來固
嫌太暴矣〇

之炘又按此水轉氣轉之說
合下章校幹口耳等說當是〇

（下欄）

與不結不得概以枝水即是結氣也若有胎息雖〇

在幹水亦為結氣若無胎息雖屬枝水亦為不結〇

息道者水之屈曲轉灣處也然轉處又須毫無分〇

行滲漏乃為真息蓋水脈一轉則地氣一蓄若有〇

二三四轉其地之真氣蓄養純全胎元滿足葬下〇

立發福澤悠久雲雷變化定產賢才矣若水雖曲〇

轉而轉角之處分去支流如兩路三叉則元氣泄〇

矣謂之漏道宣有龍胎乎大都幹水行龍須有息〇

道而後為真龍枝水結穴亦須有息道而後為真〇

穴小幹有胎息亦可立穴不必皆枝也若無胎息〇

取龍之另一格蓋無三义城
門之正局面只取水轉為腹
穴水上則以葬耳葬曰舞掌
足各法抖之此蓋天玉所謂
本向本流四神奇姑畧來龍
而只論向水為平洋階凑之
局在對水認龍之法外者也

並不威龍何況求穴世人但知曲水為秀更以通
流會合之處為龍神蓄衆之鄉終不能知息漏二
義漏溜天下無淋盲瞽豈不哀哉　原註
息漏二道為水龍最要關鍵其云一轉一息息多
胎足無淋水來灣曲則龍氣冲和之理若漏道則
水分氣泄安能結穴耶

乘龍章

脉就形成穴法當明乘龍之法宏農是程幹龍方行
轉多氣鍾法葬其腹與枝同宗最忌背脊反畔則凶
若水太巨錐腹蕩胸復求枝水輔幹奮庸母起乳子

釀氣更濃枝龍息處氣盡於首木秒露華稍出牡

方莽其耳圖莽其口最忌頼角胡頷并咎枝盡強直

覓首方醜求腹取裁情觀其覺幹上小枝寧足之形

法莽半盡懸珠肘停忌莽其爪太過不寧亦忌莽腔

不及何靈詳求真息三格始馨

上章既明胎息真脉復詳星象真形龍穴之遺愚

過半矢然其間乘龍裁穴必有下手作用晉宏農

太守郭景純先生遺法至今也其法以水之行

者為龍身以枝水止者為龍首以枝水出口處為

龍尾以枝幹曲轉之處為龍腹背以小枝止處短

之炘謹按此章指示口耳掌
足等穴只是於是道已入精
微則隨地隨形信手拈來皆
成妙用蓋真知陰陽感應之
妙則舉目一見水作如此形
即知氣必如此止天然恰好
之地胸中了然故熟大就小
皆成妙用若胸無主持乃溺

拘按圖案駭必曰如此者為耳如彼者為口則死板定格安能得陰陽變化之妙哉

之析謹按枝得幹陰為母乳
子穴得水長于里佐君王之

淺者為龍掌足皆囚象最義不可拘執也幹水雖

是行龍若有幾轉則真氣藏蓄脂元已足就腹盤

穴與枝龍力量相等即前章所謂幹水有息幹氣

已鍾之說地若灣抱之外反突之處象龍背金

無包藏充實之義斷不可穴穴之敗絕然幹水下

穴兩岸相拒止十丈左右乃可就腹敢裁若太潤

二三十丈之遠便名江湖只可為引龍之地不堪

為結穴之區倘就腹下穴雖極環抱亦不能發所

謂幹龍氣散難求穴也須別尋近幹枝水立穴藏

風而以幹氣為外抱則子母相從有乳養之義必

龐厚也

義故能產豪傑發奇英兩福

之析謹按此又退出龍首候
龍腹水穴不可拘氣盡於首
之義可見穴法百端但求其
是此之謂君子而時中

生豪傑福力龐厚洲小小富貴可比數也枝龍之

所以取盡者以其枝長大到盡轉灣如采秒花稍

得雨露之潤英華發越脉盡氣鍾其形方者兩旁

有耳皆可下穴從長酌取其形圓者圓處有口認

定下穴若當浜底鋒頭正中是為龍頭水直氣衝

浜底鋒旁兩舶是為龍角其水偏射皆水火之交

斷不可穴其圓水環把之外形象胡領其勢反背

如領下逆鱗豈可櫻之亦有枝水盡處其勢酏拙

斜飛反擴不成星體者雖為龍首須退出別求龍

腹可受之處立穴又不可拘氣盡於首之句也更

之斯謹按此章直指水為龍
亦言水而龍自在中此水有

有幹上小枝水道短淺不成龍身止作行龍掌足

而論其立穴又不可求太盡以水脉不遠龍氣不

深則正處反無力也下穴半盡之處是為中氣脉

就兩平肘上懸珠亦足取象不可以辭害志其太

近處為爪曲哭處為腰太過不及皆不可穴此葬

法雖有幹龍大枝小枝三格穴法不同然總以息

道為憑三格皆得其平矣　原註

青囊天玉等書其說龍字皆無定格時而指水言

龍時而指龍言龍皆活潑潑地然却顧而易明金

此章直指水為龍亦古書之例言幹水轉處為腹

一灣看是能收何卦之氣水
有兩灣看是衆收何卦之氣
至三灣四灣或一局衆收卦數
卦之氣若能卦氣純一而即
可稱大局然後按所收卦氣
以配向無論龍腹龍首以及
掌足均能酌得其妙

反處為背而轉處水若太寬亦難下穴原註言十
丈可穴若闊二三十丈則雖腹蕩胸不可穴矣宜
別求枝水以輔幹為母以乳子之穴若舍幹求枝
必求枝之盡處為龍首乃龍之所息如木杪花稍
含露出牡而其形有方圓長短之別又有口耳頭
角胡領掌足爪脛之分形方則葬耳圓則葬口枝
盡醜惡則葬枝之腹小枝為掌足葬其半盡為肘
上懸珠至於胡領爪脛皆不可下穴矣而總歸重
於真息為下穴之準繩也

坐向章

之折謹按師云不知卦術不
能言地學觀此泥九九宮之
論愈知其信然矣

穴以御龍曰維三策攙水在後騎龍之格倚水在旁
攙龍於腋覘水而前攀龍之脉若逢四隔不離纏尺
依形化裁因勢蹄陳上格騎龍氣蔭艟宮中格攙龍
脇受非空攀龍湧泉久久真通二法雖亞但貴氣融
氣融之穴與上奇功更有後陰積久無禮我攙其微
妙義深沈氣周八國安取後陰至道根簆造物所裝
人稟元陽藏神泥丸泥丸九宮天帝宅馬為乾為鼎
鍊骨成仙此及物化魂升於天元精未滅天靈復旋
若求蔭頂養魄得金骨朽復縈魄散再延子若悟之
神超泉先葬邱首邱葬流首流山脉接首與山此道

水脈接首與水此悠後蔭之法近遠是斷迴縈抱黃

環轉効欷息道後抱哉坐月滿漏道後抱死魄流散

三極一元真胎是誕

上章言龍穴既定兩坐向所以統御龍穴隨形立

極亦有三焉坐後據水為騎龍格兩旁依水為挾

龍格穴前向水為攀龍格若穴落四隅因勢立向

近前者為攀龍近左右者為挾龍近後者為騎龍

總不出此三格也惟騎龍穴法後水正蔭膊宮為

最上上格挾龍格水在兩旁氣左右來正當胸脇

格法次之攀龍格水在穴前氣入湯泉其氣稍緩

○炘謹按四隅立穴近前為

攀龍云玉即此可悟四圍皆

水中一方坪亦可取龍也

○炘謹按騎龍坐水則向中

來氣全穴後水邊翻騰迴來

入于穴內故曰隆入膣其

寶穴之受氣如釜中藥物大

氣一起則滿釜薰蒸無分前

後無分厚薄物熱則中邊皆

熟矣又豈有遲速之分哉惟
平洋以坐空為正格青囊天
玉諸經無不皆然惟天玉於
三陽墨露水向二字以見向
水之穴亦非不合格終不若
坐空為得力也
之炘又按北方萬墓大半皆
向水之穴坐水者百中一二
而大發富貴者亦甚不少但
悠久則鮮矣蓋無後抱故也
向水之穴若再得外水後抱
則衰旺疊興故能悠久由是
推之則坐水之穴亦必得外
水作朝作堂方為完美也

格法又次之二格雖不及騎龍只要胎息氣鐘與
騎龍之格原相伯仲若立穴處倚水向水而尤更
有後抱即與騎龍一體不分軒輊發福悠久豈有
窮時夫此穴後抱水一法千古不傳若論乾坤元
氣周流八方葬法隨方可取何必獨取後蔭蓋因
人身一小天地元神象天乃陽神所樓泥九九宮
諸天帝君所都之境丹家以首為乾為鼎九轉丹
成陽神破頂而出即為天仙人之死魂升於天亦
從此出身雖已死而元精尚有毫髮未漸滅潛伏
天靈之內一得天一真陽水氣灌注陰養天魂再

○之折謹按坐水非受水氣為
陰水之對面龍氣交穴則
來而受之平

○新註按此言後抱外水兜
收胎息之氣二句極有斟酌
謂他為外水則頓向前之
水為遠矣既為向水之穴則
當立裏向而坐山是旺氣假
始後抱之水近則辰旺而爭

生死者不死而子孫蒙其福澤矣若悟此道豈非
返神起死功侔造化者乎蓋葬法未有不歸重於
天靈者葬山則頂接山脉而後山氣斯為吾有而
與山比道矣未葬水則頂接水脉而後水氣為吾有
與水比道矣未聞葬山者向山而穴則知葬水而
向水者皆謬也傍水穴氣自旁入是從胸脇透入
天靈其情稍親其應稍速向水穴氣自湧泉入徐
徐貫至天靈其情較踈其應較遲矣須有後抱外
水兜收胎息之氣則其真息之自旁而來自向而
來者一遍後抱捲而逆上還歸胎宇所以與驕龍

福此互見矣今言後龍兩外
水則此水較遠倘得此水至
穴有百步正神則前後兩水
各得其宜矣

格一體而論也夫後蔭非穴後有水即名後蔭項
後抱是真息之水應哉始能發也若後抱是
漏道之水雖其形勢似抱空抱而已應旁死魄腦
氣泄盡如何可發耶是故息道在後漏道在前名
為坐死朝死富貴之穴若息道在前漏道在後名
為坐死朝坐騎有結氣之穴小發而已不旋踵而
衰落驗之舊墓無不然者同一地也而坐向一差
千里之謬然則向法可不慎哉原註
此以騎龍挾龍攀龍三格論受蔭之遲速又攀龍
挾龍貴有後蔭則與騎龍格相等同一悠久歸厚

外
之斫謹按向水而又有後抱也
此兩水如遠近相等必有一
水生出魁出如立旺向則向
前水魁出立衰向則坐後水
魁出故曰後抱必在百步以

而後陰尤須急道方可兜收蓋坐後陰者取其氣
返天靈蔭入最速然攀龍穴法又取後陰此中遠
近須有斟酌必後陰水在百步外兜抱方可免生
出魁出之弊故原註論後抱之水特以外字別之
大有深義也蓋後抱在百步外即為外水故原註
以外水言之若前水後水遠近相等則衰旺錯亂
吉凶亙至又何取乎後陰哉

來情篇

卦運真機問厥來情支幹以類分形幹水來去
世目易明支水有止來去難名支之入口吐納滋生

之折謹按支之入口三義城
門也執此言來以此三義城
門為來口也此穴若乘之脈氣
斯精於此定卦也此處若定
為離卦則是坎龍江南龍來
江北望也以支之來位依此為
率審定支之來處是何卦位
即依此準山向龍水而為定
法也然後再看龍之外節於
曲折斜直之間修短始平之
內兩外口之去水當以還氣
論其曲折斜直之節京必安
於一卦之中勿令出卦也平
洋龍法學者尚有疑義耶

卦如此則卦運真矣
之折謹按水來去是何卦龍
在對面即應水來去對面之

執此言來其來始清穴若乘之脈氣始精若指為去
倒置淶程幹水來離坎龍斯出幹水來震兌脈不失
八卦之門各歸本室支之來位依此為準曲折得宜
斜直不一度其修短溯其始卒一氣兼氣固方定覓
分元辨位應驗可述幹水去地亦有還氣還氣注蔭
與來不異支水中停其還旋至候止候還來去審記
入妙通微始全卦義
前言定卦審運地氣衰旺廢興之道幾乎盡矣不
知運之尅應在乎卦真卦之真偽在乎來情來情
者水之來去也水之來去即地氣之來去故卦運

之听謹按浜溝支水反以止
處望出口為來出處望止處
為去二語是蔣子獨得之秘
他書皆未肯明言

非此不真而論氣脉者所首重也立局所乘之局

氣不敵水路所乘之來氣善於乘氣者知來去精

微則局氣又不足言矣幹水有幹水之去來支水

有支水之去來幹水之去來易知而支水之去來

難知今人但知水流來之方為來水流去之方為

去以此概論支幹則誤矣流來為來流去為去通

行幹水則然若夫浜溝停止不通之支水則反以

止處望出口為來出處望止處為去蓋水之行脉

與山無二山以幹之落處為來以枝之盡處為止

惟水亦然自江湖溪蕩流入小支則流入之口為

之圻謹按凡水路來坎即為
離龍水路來離即為坎龍江
南龍米江北望之義直言溪
之學者盖猶就迷于離上有
一曲圻是一節坎龍有二曲
圻是兩節坎龍看龍外節之
法亦直言本占

之圻謹按離方直來斜左向
艮止斜右向乾止仍是離工
有一曲圻有二曲圻之義

來而水之盡處為止矣故支水莽於盡處世人以
為源頭水尾有出無入有去無來之地而不知乃
有八無出有來無去真氣止息之地所以發福最
易而歷年亦久也凡水路來自坎方即為離龍水
路來自離方即為坎龍八卦皆然又須循其曲圻
離上有一曲圻即是一節坎龍離上有二曲圻即
是二節坎龍也視其斜直者若是離方來直至坎
方止則為真坎氣若是離方直來又斜過左邊向
艮方止即為坎龍發足轉艮水坤龍八首矣斜過
右邊向乾方止即為坎龍發足轉乾水巽龍入首矣

之炘謹按申方入口與上一
轉而結穴與上一轉艮上又
一轉而結穴此言曲折之大
者也故當溯其始卒洮另有
一格

之炘謹按長短以定賓主也

之炘謹按去水還氣亦作水
水論者言當皆收清卦路不

度其修短者離路水長坤路水短即為坎氣長退
氣短矣若離路水短坤路水長又為坎氣短艮
長矣溯其始卒者有從坤方入口又行至巽方一
轉而後結穴則為外艮內乾矣有從坤方入口行
至巽方一轉又行至艮方一轉而後結穴則為內
坤外乾艮矣如是變為是不一端故地有一氣者
有兼二氣者有兼三四氣者以其水行方位定龍
之寶幹以此分上中下三元辨長中少三位應時
取消永無差或幹水結氣立穴之後必有去水此
去水流處亦有還氣如水從巽方來又從坤方去

可出卦亦非另有一格

之所謹按此是指明用去水
之法亦與來水同例總要合
卦分令出位非有他義

向南立穴則為左乾右艮矣如從巽方來又從乾
方去向巽立穴則為前乾後巽右震矣水從巽方來又
從兌方去向南立穴亦為左乾右震矣一元位上
去來一元大發兩元位上去來兩元衰旺分應歷
歷不爽交水如不葬盡處葬於中間則到底一節
亦同去水亦作還氣論如坤水曲折而來至艮方
止而就中停上立穴作為巽向是左坤右艮之局
矣蓋穴迎來水為氣之止穴近去水為氣之還審
其來即知氣止審其去即知氣還此章論水論止
之法必須精詳變化入妙通微兩後八卦之義毫

之炘謹按情字講得真則陰
陽感應之義不辯自破

之炘謹按說陰陽相應有不
可少停不容少待一見即來
之真情說得真切透徹

之炘謹按讀幹水來離句粗
心人遂真向離方去堂幹水
豈不被書所愚今家去指
支水入口言支之入口即是

塵辨晰無有不全而三元運氣與衰亦絲髮皆驗

地原註

世間以情來感未有不以情來應者故真情之感

至神且速此篇以來情名篇蓋欲人知感應之神

速也故不曰來龍而曰來情來水所在其無形中

之來應也支水入口即三叉城門此認龍定卦之

所也故原註云卦運非此不真論氣脈者所首重

自來應者有有否可少待之勢而即時

其言幹水來離者非道指幹水言蓋指支來入口

言也支之入口即幹氣入口故直曰幹水來離處

幹水入口將支幹打成一片
以見支幹相連支能迎引幹
水而得其力支雖小原與大
幹為一體幹氣鐘於支內故
可稱千里來龍可見讀書非
細心不可
之折謹玩此段講龍收外節
之義透徹明晰

此水來離即為坎龍非水之對面認龍乎蔣子不

肯說明六十四卦只借八卦為言故離水即為坎

龍震水即為兌龍也離上有一曲折者離上透出

一段水光來即為一節坎龍離上有二曲折者是

離上又透出一段水光來即為二節坎龍其言曰

離方來直至坎方止為真坎氣者非謂一水直射

而來而止也蓋遠在離卦一節透光又在離卦一

卦之內分支八口為城門則坎氣真矣其言離方

直來又斜過左邊向艮方止者蓋遠節幹水從離

直來透出水光又轉向東北灣去至艮方分支入

口作城門則外節是離之對面坎龍發足又轉為

艮水對面坤龍入首矣若外節自離透光直來又

斜向西北灣去至乾方分支入口作城門則外節

是離之對面坎龍發足又轉為乾水對面巽龍入

首矣其言離路水長坤路水短為坎氣長艮氣短

離路水短坤路水長又為坎氣短艮氣長者較長

短以定主賓也其言從坤方入口又行至巽方一

轉而後結穴者蓋坤方開濶透光遠來入口又轉

到巽方分支而入內口作為城門結穴則外節為

艮龍內節為乾龍入首也其言從坤方入口行至

之新證按單用一運之卦為
一觀東用二運之卦為二氣
又天元與地元可以通用人
元與父母可以通用別三四
氣矣無論戴卦終須合卦也

巽方一轉又行至艮方一轉而後結穴者蓋坤方
開濛透光遠來入口又轉到巽方一節透光又轉
到艮方分爻而入內口作為城門結穴則外節乾
艮龍內節為坤龍入首也其曰地有一氣者有東
二氣者有東三四氣者蓋外節一卦中節一卦城
門入口又一卦山向又一卦此無論三卦四卦總
要在一卦之內又零正分明即為不出卦而吉也
其言去水流處亦有還氣如水從巽方來又從坤
方去向南立穴則為左乾右艮者蓋言還氣亦從
對面取龍與來水同也下同此說蓋此篇大旨正

之炘謹按得此別諸書所言
皆有用不得此則諸書所言
皆無用故當寶之

之炘謹按此仍借後天八卦
為指歸以明水必對龍之義

與曹厚龍分兩片陰陽取水對三叉細認蹤江南
龍來江北望江西龍去望江東之義胳合寶平洋
認龍秘訣學者寶之

注受章

乘氣之理實水注受觀水於離坎脉斯有觀水於兌
震氣入口以及八宮宮宮可剖主雌水雄相為牝牡
京有變氣以踈奪親浮光露影地氣轉輪親水在乾
踈水坤猶內氣轉其外氣艮遘八宮化現二耦三酈
恆有水現氣即交陳兩歧連枝駢拇雙娠若拈一局
失命喪身大小輕重又別主賓親者宮神踈者煞神

之炘謹按動照滿照無分優劣只以勢之強弱論勝負

照神有二目接斯真滿照潴滙動照通津照本賓位

宮乃主人主勢剛健驕客伏馴賓勢盛大主權不申

主賓交勁此謝彼新詳觀近遠以時屈伸乘氣之法

此論當珍

夫八宮立局所以乘氣而取氣之法以貼水接脉

水氣注受剛雌雄交媾而成穴也貼離水為坎氣

貼兌水為震脉八宮以例推此定局此亦有變氣

為局者局外時出疎遠之水浮光露影奪其局中

之氣如貼乾水立局本是巽氣而坤宮有水現則

為內巽外艮凡八卦立一局者有他局水現皆能

之炘謹按正氣為變氣所奪

能轉吉為凶亦能轉凶為吉

所關匪細不可忽也

拿本宮之氣二水三水無不皆然若止執近水一
局而論如兌氣而變乾中元必衰巽水而變兌下
元必敗求生得死求盛反衰未有不失身喪命者
令人但知為合元之地豈知有失元之氣以拿之
哉然又當權其大小輕重以斷主賓相勝之數蓋
觀水內局是為宮神疎水外局是為照神矣
有二等通流曲折者為勁照盪漾積瀦者為滿照
二照力均總以目所觀見者為真望之不見其力
微矣夫宮神為主照神為賓本是定位然須宮神
水道深潤更是重重息道氣聚之局而後主勢剛

文所謹按凡水皆以舉目能
見諳貉亮著為有用望之
不見吉凶不應
之所逼按次場界水一照微

範安能深闊蓋為內中堂外
堂背為視水宮神一二里外。
或三四里外為照神一二里外。
方為照神惟十里外照神未
要舉目能見如在眼前

之新讙揀地氣之應自近者
始故近水收零神遠水收正
神以待換運

健外來照神之水終是浮氣不能拿之故當主局
中元不被其害若照神之氣過於宮神宮神氣又
微薄弱主不能制強賓在得元之照神固為輔主
運若遇失元之照神則降禍更甚於降福矣亦有
宮照二神賓主齊勁則一局姜謝一局更新反成
三元不敗之地但須泰其尺度之遠近以決發福
之先後大約地氣之應自近者始宜於本元水近
他元水遠然後葬下自近及遠以漸蔭發斯為順
理若本元之水遠而他元之水反近則初葬之時
雖有照神控制終嫌本局不得旺氣難求速效矣屬

之坼謹按此言水能挹攝地
中生陽之氣使來注於穴中
而穴受之又透過一層立論
慎也

之坼謹按時師眼光大小往
往只見其近不見其遠因此
遺誤者不可屈指學者所當

立局者慎勿汰汰於此致失趨避之巧也　原註

注受者彼汪此受也近為親水親水為宮神遠為

疎水疎水為照神宮神對面龍氣來注穴則受之

照神對面亦有龍氣來注穴亦受之倘零正盡合

則所注之氣純必能應吉若零正有合有不合則

衰旺相參只視其力量之厚薄強弱以定所應之

吉凶敢乘氣者既察親水之來情以定卦立穴猶

必須著意於疎水照神亦皆敢在一卦之內則內

局外局同為一氣斯無生出尅出之舋或近水得

令遠水夫令反成三元不敗之地言此以示遠水

之所謹按一吸一入亦與支
水迎引幹水以接氣同義

雖占正神只要近水零神力量頂得住不但不嫌

其為正神反喜其能為預備也

巨浸章

范澤巨浸四顧清寥雖曰癡龍佳氣亦醞湖蕩沼池

為子覆訓緻不生枝龍神菕隱溯其根苗實從元運

裁穴之法真機要知若穴沼池方矩圓規氣乘其橫

中正等夷大湖太蕩中氣推移測生測死目巧是期

變化之妙義同幹枝眾水浩浩一隅可吸眾可奔趨

一隅吸入一吸一入眾氣皆集水眾妙回全湖可把

不散不渙真氣已蟄乘元陰後釀福齝急此是真息

與枝相及若無真息穴坐其圈倚借外勢望之淵淵

形與眾殊彼婭我妍日與月長福必待年三吳江楚

大澤連綿世家墓宅亦產英賢驪黃之外用綴斯篇

水龍之分枝幹固矣亦有湖蕩池沼之穴在枝幹

之外別為一種又不可以息漏二道論胎元亦豈

容專以凝龍目之斷其不秀耶此等之地雖不生

枝亦蓄真真氣只要元運合時亦發科第但立穴之

法自有真機不得從散漫處隨地下穴耳池沼與

潮蕩又是兩等不同一法池沼顯而易下湖蕩隱

而難扦池沼亦要方圓成象平正不欹便可取裁

之嶱謹按潮蕩池沼又是兩

等不同一法燕果能洞徹手

陰陽之理真明夫藏應之機

者隨地可定蕣法必能用到

恰好處蓋生機所在萬目能

知又何論江河何論湖蕩哉

若對初學說法則不能不縷
析除飲欵示格局

但宜從橫處受穴不可從直處立局如一方池橫

處看則為土象直處看則為木象矣圓池亦須微

微橫潤乃為金星開口太圓則四圍無受穴處反

為頑金從何處下手凡池沼立穴須在水之中氣

右左相等平正端嚴而後氣脉洄薈若立局偏斜

或邊輕邊重穴中即無真氣矣大湖大蕩法尤

宜精密蓋其勢散漫雖立申正猶難聚氣須棄死

就生亦從枝幹之理變化而來但與江湖溪澗之

枝幹形象迴別耳假外蕩潤大而有一隔內薈小

蕩與喻水入口相似又如外蕩直奔而有一隔稍

之新謹破蔣予舉此數式欲

學者自啟悟機以明陰陽交

媾之理而得其所以然之故

然後無論見何等之地自能

得其恰好莽法若徑謂舉一
反三猶是通外之語

地學五種　卷八　歸厚錄批論　卑

之師謹撰蔣子必親見有此
等地進而後發者故舉以為
法為

稍曲入其間即有砂脚闌闌外來眾水即於此驅
是即大蕩為幹小蕩為枝大蕩為漏道曲入處
為息道是即龍胎即能聚氣若果乘元運又有後
蔭葬下立發豈必以湖蕩為緩局也又有一種之
地既無內蓄小蕩亦無曲水入口而坐於土圩圍
處形如滿月乃是吉象更借外砂冀衛望其大蕩
之水對穴淵停雖層層通流而固有外砂使不見其
涓滴且其立穴之所端嚴秀麗與他處不同移步
換形便分妍醜則眾穴皆賤一穴獨貴理所必然
以其氣脉不眾難以速效須目積月累穴中久久

之炘謹按此種巧法若真見
道者隨時隨地可自心生否
則雖畀提面命亦未必悟到
是處

之炘謹按家舅又提出平田
潦水一層朵此則北方多有
蔣于或未嘗多見也

氣足而後始應三吳江楚此等地局發者甚多下
此等穴須於牝牡驪黃之外另有一種巧法故特
發明此篇使學者深知妙用不概以癡龍目之耳

註

原

湖蕩池沼之格。古書所未言蔣子邀遊於三吳江
楚之間蓋嘗見大家巨族多此舊抒閱歷既多自
開頭悟遂留此一格以示後學惟此方無湖蕩故
此等穴法亦未之見往往有平田潦水滄洙一併
略生枝腳而生意天然者即湖蕩之類也

地學五種　卷八　歸厚錄批論

之折謹按平穴之其於山穴
者止在坐空之一法蓋山脉
一線貫注直至穴中故頂頂
脉以乘其氣平洋地氣散漫
無一線貫注之脉止借幹水
注入兩界灣抱兜收而幹水
注入之口必開濶透光散漫
之地氣見此透光之水自來
相應乃遇兩界止蓄頂知非
氣遠止其所謂止蓄之氣行到
止而不動乃來應之氣行到
水邊不能前進不得不緣界

平地緻言

諸書論平地龍穴諸法悉備蔣子又分出平洋平陽
平岡各有恰當葬法若黃河迤北千里平原則平陽
之例矣夫平陽之稍異於平洋者無非在活水乾流
之別至於葬法則大約相同蓋平洋以坐空為正格
故須用本元旺向名曰生入合青囊曹序奧語天玉
寶照諸經皆同此訣並無二法惟天玉於三陽說出
水向二字似水向止得用於三陽而不得用於他處
者然北方舊墓大半向水者多坐空之穴百僅一二
其向水發者此比皆是惟悠久甚鮮歷觀多地其合

陶而轉轉過來氣又隨來氣
復轉如此不息則界內之氣
盤旋厚積此即所謂止也葬
乘眞止故必坐空此諸經所
以必坐空為平洋定格也
而獨於三陽言水向者蓋夾
始生一陰而水向者為乾此又
一氣與剝坤相對剝一陽
在上陽盡為坤坤復生一陽
為復三卦亦顛倒一氣與夾
乾姤相交此六卦顛倒
所謂天根月窟者也故與諸
卦相異而其氣顛倒往來相
交特異而速故無待界水兌
收其氣自厚乃用水以乘
之則所受之氣已厚故無須
坐空以受氣也惟三陽以外諸
卦非不可以用水向惟交氣
不能如三陽之厚則必借界

於龍分兩片三义認蹤之法者固多然亦偶有顯露
脉脊兩水相送到頭起頂結穴兩界分明一如山龍
模樣者然其興廢隆替則仍以卦運衰旺斷之無不
盡合竊觀北方地勢每於十里二十里之間則起有
高脊一條俗名曰壁其寬氣豁一半里其長則數百
里數十里不等其間亦分岔叔縱橫皆有兩一方村
落皆居其上凡遇大窪積水之處則盡頭處也其間
當其斷處或有立穴小發者大發富者亦有之惟人
皆粗濁少秀蓋此必大地之行脉所以託地而不可
以求穴者也又嘗見有細嫩脉脊一條遠來入某家

水兒收界水在前合抱勢必
後高前低夫地中生陽之氣
自下升上勢易自上趨下勢
難幹水注入兩界其三义在
前則來應之龍氣在後○在
則自上趨下而其盤旋之止
氣亦在下矣故來之為難而
收效必緩也此蔣子所以謂
攀龍為又次格也

之折謹按平地脉脊時亦有
之更有掘土龍梗者然見得
此脉脊之地發不過丁財無
一貴者可見平地得此亦不
足奇也

地學五種　卷八　歸厚錄批論

墓後經挑河挖掘其脉入地三尺許果有土筋一條
圓徑尺五六寸其質堅而潤斷之甚費力河寬二十
丈兩不見頭此河工竣而某墓主人之家敗矣此事
眼見者一耳聞者二若然則北方大地中亦或有可
取脉脊惟百里不能一見亦本足為貴耳遍觀直
隸名墓皆是水城結穴無一有脉脊者然亦坐實者
多坐空者少任邱八大家墓惟李氏墓坐空文安四
大家墓皆向水之穴霸州崔邊兩娃墓皆犯牛河之
脉崔氏墓河從北直來數里左轉抱行前去十餘里
交於中亭河為外口其祖穴身後坐直來之河為玄

之炘謹按家舅批論諸書破
盡衆人疑賣誠足快也乃後
命之炘評讀而參攷之之炘
謹述所聞於家舅者綴語以

武水是爲坐空邊氏墓則向水之穴靜海八大家墓

亦皆向水惟敬姪禪房新瑩是坐空之穴此地係康

熙初年葬葬後發科第翰林府道廵撫係雨山卯向

坐咸向損此時先輩因念舊朝恩重皆未應試直至

乾隆年間將入中元後半始得運而發至下元尚催

科第南皮張氏瑩京向水之穴惟衆水皆歸城河爲

後蔭高陽李氏定興鹿氏瑩京皆向水此外大族舊

墓皆向水者多惟向水之穴必立衰向始合零正若

用坐空立旺向之法則大誤矣余今批論辨正疏天

元歌歸厚錄三書於平地龍法向法盡闡其祕毫無

足言外之意可吾能勃悟機

之感末可知也

之所謹按讀者勿視地學為

小術蓋非知道者不能窺其

奧也故末以推求易理為總

結

遺義惟於平地無形取龍之訣反覆陳說不嫌重疊

更有吾甥斯之炘補綴蕪陳義尤完備學者苟能潛

心探討再能於易理窺其奧竅則入道不難地學猶

其淺焉者也

之炘謹按家舅批論此書既諄諄以對水取龍示

人以定法而又舉此平地脈脊而論之者非前後

兩歧又教人以取脈脊之法也蓋恐讀是書者見

對水取龍之法言之鑿鑿以為可信乃又見墓之

有脈脊者現得小發更有大發富者將又轉信為

疑仍以脈脊為可據豈知平地脈脊真者甚少若

踏入攝脉尋龍一路勢必望空撲影穿鑿附會走

入迷途終身不悟家男故說出此篇言平地脉脊。

非不時有而有示不足為貴總富守定對水取龍

之法以為真訣切勿惑於地中主龍等說遂失錄

對水取龍真訣為不足據而反入迷途是此篇之

命意也夫

地學五種　卷八　歸厚錄批論

編號	書名	作者	說明
178	《星氣(卦)通義(蔣大鴻秘本四十八局圖并打劫法)》《天驚秘訣》合刊	題〔清〕蔣大鴻 著	江西興國真傳三元風水秘本
179	蔣大鴻嫡傳天心相宅秘訣全圖附陽宅指南等秘書五種	〔清〕蔣大鴻編訂、〔清〕汪云吾、劉樂山註	蔣大鴻徒張仲馨秘傳陽宅風水「教科書」！真天宮之寶，千金不易之寶書！
180	家傳三元地理秘書十三種	〔清〕汪云吾	
181	章仲山門內秘傳《堪輿奇書》附《天心正運》	〔清〕章仲山傳、〔清〕華湛恩	直洩無常派章仲山玄空風水不傳之秘——玄空挨星真訣公開！字字千金！
182	《挨星金口訣》、《王元極增批補圖七十二葬法訂本》合刊	〔民國〕王元極	秘中秘——玄空挨星真訣公開！字字千金！
183–184	《家傳三元古今名墓圖集附謝氏水鉗》、《蔣氏三元名墓圖集》合刊	(清)孫景堂、劉樂山、張稼夫	蔣大鴻嫡傳風水宅案，蔣講師、姜垚等名家多個實例，破禁公開！
185–186	《山洋指迷》足本兩種 附《尋龍歌》(上)(下)	〔明〕周景一	風水巒頭形家必讀《山洋指迷》足本！
187–196	蔣大鴻嫡傳水龍經注解 附 虛白廬藏珍本水龍經四種(1–10)	(清)蔣大鴻編訂、〔清〕楊臥雲、汪云吾、劉樂山註	蔣大鴻嫡傳一脈授徒秘笈，希世之寶！千年以來，師師相授之秘旨，破禁公開！完整了解蔣氏嫡派真傳一脈三元理、法、訣！附已知最古《水龍經》鈔本等五種稀見
197	批注地理辨正直解	〔清〕章仲山	無常派玄空必讀經典未刪改本！
198	《天元五歌闡義》附《元空秘旨》(清刻原本)	〔清〕華湛恩	
199	心眼指要(清刻原本)	〔清〕章仲山	
200	華氏天心正運	〔清〕華湛恩	
201–202	批注地理辨正再辨直解合編(上)(下)	〔清〕蔣大鴻原著、〔清〕章仲山直解，再註〔清〕姚銘三	失傳姚銘三玄空經典重現人間！名家：沈竹礽、王元極推薦！
203	章仲山注《玄機賦》《元空秘旨》附《口訣中秘訣》《因象求義》等	〔清〕章仲山	近三百年來首次公開！章仲山無常派玄空秘密，和盤托出！章仲山注《玄機賦》及筆記
204	章仲山門內真傳《三元九運挨星篇》《運用篇》《挨星定局篇》《口訣篇》等合刊	〔清〕章仲山、柯遠峰等	
205	章仲山門內真傳《大玄空秘圖訣》《天驚訣》《飛星要訣》《九星斷》略》《得益錄》等合刊	〔清〕章仲山、冬園子等	
206	撼龍經真義	吳師青註	近代香港名家吳師青必讀經典
207	章仲山嫡傳秘鈔《秘圖》《節錄心眼指要》《翻卦挨星圖》《秘鈔元空秘旨》附《秘鈔天元五歌闡義》	〔清〕章仲山傳、〔清〕王介如輯	透露章仲山家傳玄空嫡傳學習次弟及關鍵
208	章仲山嫡傳《翻卦挨星圖》附《秘鈔元空秘旨》等合刊	〔清〕章仲山傳、〔清〕王介如 撰	史上首次公開「無常派」下卦起星等挨星秘之書
209	《談氏三元地理濟世淺言》附《打開一條生路》	〔民國〕談養吾撰	了解談氏入世的易學卦德爻象思想
210	《談氏三元地理大玄空實驗》附《談養吾秘稿奇門占驗》	〔民國〕談養吾撰	
211–215	《地理辨正集註》附《六法金鎖秘》《巒頭指迷真詮》《作法雜綴》等(1–5)	〔清〕尋緣居士	集《地理辨正》一百零八家註解大成精華　匯巒頭及蔣氏、六法、無常、湘楚等秘本　史上最大篇幅的《地理辨正》註解
216	三元大玄空地理二宅實驗(足本修正版)	〔民國〕尤惜陰(演本法師)、榮柏雲撰	三元玄空無常派必讀經典足本修正版